DES
INTÉRÊTS EUROPÉENS
EN
ORIENT

PAR

PAUL MOURIEZ.

SE VEND :

A MARSEILLE, CHEZ Me Ve CAMOIN.
A PARIS, CHEZ MM. ALLOUARD ET KOEPPELIN,
Rue de Seine-Saint-Germain, 12,
ET CHEZ TOUS LES LIBRAIRES DES DÉPARTEMENTS.

1852.

DES

INTÉRÊTS EUROPÉENS

EN

ORIENT.

DES
INTÉRÊTS EUROPÉENS
EN
ORIENT

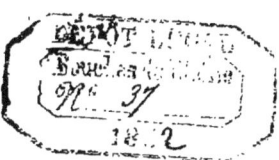

PAR

PAUL MOURIEZ.

SE VEND :
A MARSEILLE, CHEZ M⁰ V⁰ CAMOIN.
A PARIS, CHEZ MM. ALLOUARD ET KOEPPELIN,
Rue de Seine-Saint-Germain, 12,
ET CHEZ TOUS LES LIBRAIRES DES DÉPARTEMENTS.
—
1852.

DES

INTÉRÊTS EUROPÉENS

EN

ORIENT.

§. I.

De la lutte des intérêts européens en Orient.

Les crises intérieures éprouvées par divers états de l'Europe occidentale, ont depuis quelques années distrait l'attention publique des parages orientaux ; on ne peut oublier cependant que les difficultés nées dans cette partie du monde sont les seules qui, dans un intervalle de 35 années, aient sérieusement compromis la paix générale, et menacé l'équilibre fondé sur les traités de 1815; si la permanence des mêmes causes entretient les mêmes dangers, la question ne peut avoir cessé d'être grave, et mérite encore toute la sollicitude des sincères amis de l'humanité.

Les traités de 1840 en furent une solution très imparfaite : ils consacraient, en principe, l'affaiblissement de l'Empire Ottoman, tout en proclamant le respect de son intégrité; ils soustrayaient l'Egypte à l'unité d'action du gouvernement métropolitain, et laissaient assez d'entraves à l'indépendance de cette magnifique province de l'Empire pour qu'elle pût devenir, comme cela est arrivé, un foyer d'intrigues et un point d'appui à des prétentions rivales. Or, des intérêts de la nature de ceux qui sont engagés dans cette question peuvent accepter une trêve, mais ils ne désarment jamais; et, tant que satisfaction ne leur est point donnée, ou qu'il leur reste une ombre d'espoir, il faut compter avec eux. Tout arrangement conclu en dehors de l'une ou de l'autre de ces conditions est donc non avenu, et fait subir à la difficulté un ajournement plus funeste qu'avantageux. Après dix années d'une suspension qui n'était qu'apparente, la question d'Orient va de nouveau se poser aujourd hui, plus ardue et plus menaçante que jamais.

Il serait à peine utile de définir les mobiles secrets de cette lutte, car ils ont été suffisamment divulgués, et rien n'est changé en eux, depuis 1840, si ce n'est peut-être le langage qu'ils ont fait tenir aux parties intéressées ; nous devons cependant bien préciser les positions respectives, ne fût-ce que pour ne pas prendre le change sur aucune déclaration diplomatique.

Cela nous coûte à dire, mais il est certain que depuis la retraite de notre armée d'Egypte, le rôle politique de la France en Orient a toujours été plein de mollesse et de tiédeur, nous dirions même de contradictions, si ce dernier défaut n'était général et ne résultait, chez nous, de l'instabilité des gouvernements. Cette indifférence de notre part vient surtout de ce que nous sommes dépourvus, en Orient, d'un intérêt vital, et que notre action y a toujours été négative. Il n'en est pas ainsi de l'Angleterre en Egypte et de la Russie à Constantinople. Ces deux puissances ont des ambitions qui tiennent à leur existence même, et qu'elles ne pourraient abandonner sans porter un coup sensible à leur vitalité. Ces ambitions ne sont pas, d'ailleurs, assez semblables d'objet pour se neutraliser : le traité

Brunow est là pour prouver qu'elles sauraient plutôt se coaliser au besoin, et entraîner, dans leur sphère d'activité, des puissances qui, comme l'Autriche et la Prusse, n'y sont portées que par un sentiment de constante hostilité à la France. C'est donc à celle-ci seule de servir de contrepoids efficace, et à maintenir l'équilibre européen, qui, sans elle, serait sérieusement compromis par cette connivence, quoiqu'elle se soit toujours annoncée sous le prétexte très peu sincère de le préserver. C'est là certainement un beau rôle à jouer, et tout-à-fait digne des précédents historiques de notre nation ; nous dirons plus, les récents événements politiques accomplis dans son sein le rendent actuellement facile; le pouvoir a acquis à l'intérieur toute la force nécessaire pour parler à l'étranger un langage convenable et digne : jamais donc les circonstances ne furent plus propices à un dénouement pacifique et définitif de cette grande et importante question ; et déjà un fait vient de s'accomplir qui est d un précieux augure dans ce sens ; nous voulons parler de la retraite de lord Palmerston, dont la politique tracassière et absolue a le plus contribué à mettre en Orient les choses en l'état où elles sont.

Mais avant de développer les moyens que nous croyons propres à amener cette solution satisfaisante, il nous faut esquisser rapidement un tableau de la situation.

---

§. 2.

Etat de la situation.

Méhémet-Ali supportait tout le poids de l'édifice élevé par ses mains en Egypte; et sa mort devait entraîner la chute aussi bien du système politique qu'il avait suivi, que des institutions dont il avait doté ce pays. Nous n'avons point ici à nous préoccuper de l'un et des autres ; ils tiraient peut-être, au fond, tout leur mérite de sa forte individualité, et se trouvaient sanctionnés par le respect qu'elle inspirait. Ce qu'il y a de certain, c'est que, tant qu'il vécut, son gouvernement fut considéré par la Porte elle-même comme une digue suffisante aux prétentions étrangères qui menaçaient l'Empire. Mais lorsque le pouvoir échut à Ibrahim-Pacha, ce dernier, avec le rare bon sens qui le distinguait, comprit qu'il trouverait des conditions de sécurité dans le resserrement des liens qui l'attachaient à son suzerain; et, si la mort ne fût venue le surprendre, nul doute que ce prince n'eût agi en parfaite conformité de vues avec le gouvernement de la Sublime-Porte. L'homme que la fin inopinée d'Ibrahim-Pacha alla tirer de l'exil et de l'oubli pour le porter au pinacle, était le moins propre du monde, soit à continuer l'œuvre de Méhémet-Ali, soit à s'associer aux vues élevées du Sultan Abdul-Medjid ; resté complétement en dehors du mouvement civilisateur imprimé par son aieul, Abbas-Pacha avait passé sa vie dans de crapuleuses débauches, dissimulées sous les pratiques du plus étroit fanatisme. Dans ce cœur pétri de toutes les bassesses, la fortune ne fit que surexciter les plus honteuses passions de l'humanité; les premiers actes de son pouvoir furent consacrés à la satisfaction de toutes ses rancunes, et elles étaient nombreuses contre les hommes et les choses de l'ancien règne. Les institutions créées par Méhémet-Ali eurent bientôt cessé d'exister, et tout le personnel administratif et politique fut changé. Jusqu'à un certain point, ces mesures cadraient avec les projets de la Porte, qui avait dû justement considérer la mort de Méhémet-Ali, comme le moment venu de se rattacher l'Egypte, ce lambeau déchiré à son empire ; aussi Abbas-Pacha fut-il parfaitement accueilli dans sa visite d'investiture, et le Sultan s'empressa de ratifier les droits que lui conféraient les traités de 1840. Mais on ne tarda guère à s'apercevoir que ce prince inepte n'était qu'un instrument dangereux, compromettant, et même contraire au but auquel il était destiné ; car, dans l'intérêt même de l'Empire, la Porte ne voulait point voir descendre l'Egypte à un niveau de civilisation plus bas qu'à l'époque où cette province avait échappé à sa puissance ; après l'acte de soumission et d'hommage-lige du vice-Roi, ce qu'elle demandait, c'était de prendre elle-même la responsabilité des progrès sur la voie desquels se trouvait l'Egypte, et de substituer partout son nom au nom si vivace et si fortement empreint de Méhémet-Ali. D'ailleurs les tentatives civilisatrices de Méhémet-Ali avaient été considérablement distancées par la révolution politique et administrative accomplie dans ces derniers temps en Turquie. Enfin dans les réformes qu'elle conseillait en Egypte, la Porte voyait des résultats économiques dont elle comptait bien faire profiter l'état financier de l'Empire : en ce point plus qu'en tout autre son espérance fut déçue, car Abbas-Pacha s'en adjugea tout le bénéfice, et ne respecta rien du système mis en vigueur par Méhémet-Ali, que le monopole absolu qui livre au vice-Roi tous les revenus de l'Egypte, c'est-à-dire plus de cent millions de francs; somme énorme dont Abbas-Pacha usa largement pour ses favoris, son luxe et ses palais.

Ainsi, en détruisant radicalement, comme il fit, l'œuvre de son grand père, Abbas-Pacha trahit la confiance dont il était l'objet de la part de la Porte ; mais à cette cause initiale de réprobation, vinrent bientôt se joindre les scandales de sa vie privée, qui soulevèrent les vives réclamations des agents diplomatiques : à peine si ces derniers pouvaient obtenir du vice-Roi, pour des communications urgentes, quelques instants d'un temps tout entier consacré à des débauches sans nom ; le plus souvent, ils étaient grossièrement éconduits ou renvoyés à des ministres indignes, espèce de familiers de palais, ayant passé, sans transition, de la plus infime domesticité aux premiers postes de l'Etat.

En moins d'une année, l'Egypte se trouva privée de tous les hommes distingués qui avaient concouru à la gloire du dernier règne, et les plus notoires incapacités furent installées dans les fonctions publiques : un jour tous les employés moréotes furent évincés de l'administration ; un autre jour, ce furent les Coptes. Abbas-Pacha poursuivit le souvenir importun de son aïeul jusque dans sa parenté même, et ceux qu'il n'exila point, parmi sa famille, durent se soumettre à ses caprices d'idiot et à des vexations odieuses. La plupart des personnages marquants trouvèrent auprès du Sultan un asile honorable et réparateur ; mais de toutes, l'affaire qui fit le plus de bruit et motiva les premières remontrances de la Porte, fut celle de Kyamil-Pacha, le propre beau-frère d'Abbas : dans un accès de méfiance tibérienne, et transgressant la limite de ses droits, le vice-Roi le contraignit à divorcer et à s'exiler dans le Saïd. Un ordre du sultan l'appela à Constantinople, et les deux époux furent remariés en sa présence.

Ces premiers germes de révolte du vassal contre son suzerain acquirent bientôt une grande gravité par le refus du second à mettre en vigueur, dans l'étendue de l'Egypte, les lois et constitutions promulguées par la charte de Gul-Hané.

C'était se mettre en rebellion ouverte, c'était violer la lettre même des traités, et saper la base sur laquelle est appuyée sa propre autorité ; car l'acte additionnel signé à Londres, le 15 Juillet 1840, est précis et formel ; il dit : « le pacha d'Egypte s'engage à appliquer à la province qu'il administre *toutes les lois de l'Empire Ottoman.* » Comment donc

Abbas-Pacha a-t-il pu concevoir une résistance à cet égard? Comment donc surtout a-t-il osé la pousser jusqu'au point où il en est venu? Se peut-il enfin qu'il y ait au monde, nous ne dirons pas une puissance, mais un homme, ayant assez peu de lumières ou de conscience pour équivoquer sur un texte pareil? Certes l'histoire tirera de ce fait des leçons instructives ; il sera d'abord le plus éclatant témoignage de la grandeur et de la difficulté de la tâche que s'est imposée le sultan Abdul-Medjid. Comme nous sommes ici dans le cœur même de la question, nous croyons rester strictement dans les limites de notre sujet, et faire une chose agréable au lecteur en donnant la traduction exacte de ce fameux *Tanzimat*, promulgué dans la plaine de Gul-Hané, en présence de tous les grands dignitaires de l'empire (1).

Comme l'a dit avec beaucoup de justesse M. Jourdan, dans sa remarquable brochure sur la question égyptienne, si c'est chose extraordinaire que la concession d'une charte aussi avancée de la part d'un prince musulman, eu égard à la situation morale des peuples qui composent ses états, c'est

Voyez la note A.

précisément ce défaut d'appropriation qui pouvait en rendre la concession illusoire, et qui faisait consister tout le mérite de ce grand acte dans les efforts ultérieurs qui seraient déployés pour en forcer l'application ; aussi faut-il admirer combien le gouvernement de Sa Hautesse est resté fidèle à ses nobles prémices, malgré tous les obstacles qu'il n'a cessé de rencontrer, et qui entravent encore son action civilisatrice. Espérons que toutes les puissances de l'Europe finiront par comprendre que non seulement il sert la cause d'un progrès sage et mesuré, qui est sacré aux yeux de tous, mais encore qu'il est désormais indispensable au maintien de cet équilibre, dont la rupture amènerait des guerres désastreuses.

La nature grossière et despotique d'Abbas-Pacha devait être extrêmement choquée de pareilles limites posées à son autorité : respecter la propriété, l'honneur de ses administrés! faire cesser la bastonnade ! limiter la durée du service militaire ! Jamais idées si monstrueuses n'avaient été offertes à son intelligence, et c'est plutôt la confusion qu'elles faisaient naître dans son cerveau, qu'une velléité d'indépendance, qui motiva son refus obstiné. Quelque borné que fut cet esprit, cependant, il ne tarda pas à comprendre que sa résistance pourrait s'étayer d'appuis sérieux ; cet intérêt majeur le poussa même à jouer un rôle d'une duplicité révoltante ; il alla jusqu'à trahir les devoirs sacrés à un hôte, et le sultan acquit la preuve, que dans les visites qu'il vint lui rendre, Abbas-Pacha, tout en se répandant en protestations à son égard, avait prêté l'oreille aux propositions des ennemis politiques que Sa Hautesse a jusque dans sa famille, et trempé dans une conspiration ayant pour but d'élever son propre frère à sa place. Quelque temps après l'entrevue du Sultan et d'Abbas-Pacha à Rhodes, survint la révolte d'Alep, évidemment suscitée par le parti rétrograde. On avait précédemment remarqué la faveur dont jouissait les bedouins auprès d'Abbas-Pacha, et deux émirs principaux, deux fauteurs de cet abominable brigandage, faits prisonniers les armes à la main, furent reconnus pour avoir été logés un mois auparavant dans le palais même du vice-Roi, et traités par lui avec une extrême considération. Quoiqu'il en soit, dans l'entrevue qui eut lieu à Rhodes, les conditions furent nettement posées par le Sultan, et Artim-Bey se chargea de les soutenir en en faisant le gage de son maintien aux deux ministères qu'il remp issait auprès d'Abbas-Pacha. C'est à cette occasion que le caractère de ce prince se révéla sous son côté peut-être le plus honteux. Des anciens ministres de Méhémet-Ali, Artim-Bey était le seul qu'Abbas eût voulu conserver; sa grande habitude des affaires, sa finesse diplomatique, sa facilité à parler toutes les langues, en faisaient un homme en quelque sorte nécessaire. A raison de l'opinion exprimée en dernier lieu par Artim-Bey, relativement au *Tanzimat*, Abbas-Pacha craignit que ce ministre ne lui fût imposé par la Porte, et dans le trouble et l'indécision que lui causait la fermeté de son suzerain, il n'eut par le courage de se séparer franchement de son serviteur; il n'imagina rien de mieux que de le perdre dans l'opinion publique en l'accusant de malversations. Artim-Bey n'eut pas de peine à confondre cette inculpation ridicule, et envoya sa démission au vice-roi. On vit alors quelque chose de vraiment ignoble, le prince descendre jusqu'à la supplication pour faire rentrer aux affaires l'homme qu'il avait cherché à déshonorer, puis passer à l'idée de la coërcition après avoir vu l'inutilité de la prière; car ce qu'Abbas aurait voulu éviter à tout prix, c'était qu'Artim-Bey partît pour Constantinople; mais ce dernier fut prévenu a temps, et s'embarqua sur le bateau à vapeur français qui allait à Beyrouth; de là il se rendit auprès du Sultan qui lui fit un accueil très bienveillant.

Cette circonstance aigrit encore les relations de la

Porte avec le vice-Roi ; ce fut en vain qu'Abbas envoya messager sur messager à Constantinople : aucun ne réussit dans sa mission, car aucun n'apportait la pleine et entière adhésion du vice-Roi, aux légitimes demandes de la Porte, et les protestations qu'ils étaient chargés d'apporter, se trouvaient démenties par ce qui se passait en Egypte. Il était en effet évident qu'une intrigue s'y tramait, et qu'une nouvelle complication allait surgir. Abbas est un homme d'un caractère trop faible et trop timoré pour puiser en lui seul le courage d'une lutte aussi obstinée. Pendant qu'on était censé négocier, des armements très sérieux se faisaient au Caire et à Alexandrie. M. Murray, l'agent britannique, qui partageait naguère la défaveur encourue à la cour d'Abbas-Pacha par tout ce qui portait le nom d'Européen, se trouvait fort avant dans les bonnes grâces du vice-Roi ; leurs conférences, devenues très fréquentes, de si rares qu'elles étaient, avaient pris pour ainsi dire le caractère de l'intimité. Il n'y avait plus lieu de douter que la politique à double tranchant de lord Palmerston ne se fût mêlée à la partie; encore une fois, l'Angleterre allait engager un intérêt respectable dans le déshonneur des moyens et des instruments mis en œuvre pour y satisfaire, Lord Palmerston avait cru voir luire le jour attendu et recherché si impatiemment, où son pays acquerrait une influence exclusive en Egypte, et n'aurait plus qu'à étendre la main pour s'en emparer: bref, ce qui n'avait pu être arraché, même par la force des armes, à l'illustre vieillard, à peine était-il couché dans sa tombe, que son petit-fils l'allait céder lâchement en échange de la promesse d'une protection éventuelle contre son suzerain.

Pendant qu'à Constantinople, l'ambassadeur d'Angleterre, sir Stafford Canning, approuvait tout haut la ligne générale de conduite du gouvernement Ottoman, et encourageait même ses efforts pour faire pénétrer en Egypte les bienfaits du nouveau code de lois, M. Murray, quoiqu'agent subalterne, recevait sans doute des instructions tout-à-fait contraires, et incitait secrètement le vice-Roi à persévérer dans sa résistance. On commença à parler vaguement du prix exigé en retour de ce simulacre de protection, et l'ancien projet d'un rail-way Anglais à travers l'Egypte fut remis sur le tapis. Abbas-Pacha à son avénement, s'en était montré très peu soucieux, et s'était expliqué assez nettement à cet égard. Aux premiers bruits de cette affaire, la Porte s'en émut, et dans les instructions dont était porteur Mouktar-Bey, lors du voyage qu'il fit au Caire, à l'occasion du *Tanzimat*, se trouvait compris un avis très explicite du gouvernement de Sa Hautesse sur l'intention prêtée au vice-Roi. Abbas-Pacha n'en tint nul compte, et M. Murray, malgré le mot d'ordre reçu de Constantinople, n'en pressa pas moins ses sollicitations, à tel point que lorsque la nouvelle de la concession définitive parvint au Divan, sir Stafford Canning en fut très surpris et demanda au gouvernement de la Porte de ne point agir avant qu'il n'eût reçu de Londres un supplément d'instructions.

Mais la Porte devait protester; c'est ce qu'elle fit dans un langage si ferme et si digne, que tout ce que nous pourrions dire à ce sujet serait faible auprès de la note adressée à Abbas-Pacha. Nous nous contenterons de la transcrire (1).

La politique de lord Palmerston ne devait pas plus s'arrêter devant ces considérations justes et élevées, qu'Abbas-Pacha n'avait consenti à appliquer en Egypte le *Tanzimat;* ces deux refus étaient les termes mêmes du marché. A l'heure qu'il est, la construction de ce chemin de fer se poursuit donc avec une énergique activité.

Indépendamment des raisons afférentes aux droits légitimes de la Porte, il en est suivant nous beau-

Voyez la note (B).

coup d'autres qui condamnent la construction d'un chemin de fer à travers l'Egypte. Nous avons eu l'occasion de les exposer dans divers articles publiés à Marseille dans le *Nouvelliste ;* nous croyons avoir démontré sans réplique que ce rail-way créerait en l'état actuel du pays, une charge écrasante pour les fellahs, et ne leur serait d'aucune utilité ; en outre M. Jourdan a parfaitement établi, qu'appelé à résoudre la grave question du transit de Suez, le chemin de fer ne fait que la tourner, et la lèguera intacte aux générations futures. Il faut donc se placer au point de vue exclusivement anglais pour trouver à ce projet quelqu'avantage ; et si cet intérêt mérite considération, il est en tous cas mal venu de se déguiser sous celui du monde en général, et de l'Egypte en particulier; car ce que toute la subtilité des casuistes n'arrivera pas à nier, c'est que le peuple Egyptien ne perde à cet *improvement* la seule chance d'échapper au joug d'airain sous lequel il est courbé.

Mais lord Palmerston est tombé, et avec lui, nous le croyons, la plus mauvaise part de sa politique; quoique nos voisins d'outre-manche poussent très loin la théorie du *fait accompli,* il faut espérer que son successeur fera une sévère révision de la moralité de cette affaire, d'autant plus que les seules choses modifiables et à modifier dans l'établissement de cette ligne de fer, pourrait être le principe et les conditions de son existence. D'ailleurs la situation politique de la France elle-même a subi dans l'intervalle un changement qui lui permettra au moins d'élever la voix, et de plaider, dans cette question, pour un intérêt beaucoup plus large. Il est donc permis de croire que la solution actuelle n'est pas définitive. Il nous reste à dire de quelle façon nous pensons qu'elle pourra être prochaine et pacifique.

§. 3.

Comment la question peut être résolue pacifiquement?

De ce qui précède, il résulte clairement que l'antagonisme entre la Sublime-Porte et l'Egypte est fictif, et n'est alimenté que par des intrigues extérieures ; les premiers actes de déférence d'Abbas-Pacha vis-à-vis du Sultan sont le gage chez lui d'une disposition à se rallier fortement au chef et à l'intégrité de l'Empire Ottoman, et sa conduite ultérieure n'est que l'effet de l'influence exercée sur ce faible caractère, d'un côté, par le parti rétrograde qui représente les intérêts de la Russie, et de l'autre, par le machiavélisme de la politique de lord Palmerston. Or, comme nous l'avons dit au début, ces deux intérêts peuvent parfois se coaliser, mais ils ne parviendront jamais à s'entendre; l'acquisition définitive des avantages qu'ils recherchent les trouvera toujours désunis. Il est certain que si la Russie pouvait consentir à voir l'Angleterre s'établir en Egypte, pourvu qu'elle-même mît le pied à Constantinople, l'Angleterre considèrerait ce résultat comme trop chèrement acheté à ce prix, et c'est là l'unique cause des réticences et des détours de sa diplomatie. Toute œuvre faite au point de vue exclusif de ces deux intérêts n'engendrera donc que confusion, et, sous les dehors d'un parfait accord, recèlera dans ses flancs, la guerre et une conflagration générale. Comme nous le disions en débutant, le traité de 1840, avec les subtilités de ses interprétations, est une œuvre de ce genre.

L'intégrité de l'Empire Ottoman, la cohésion forte et garantie de toutes les parties qui le composent, est si bien la seule digue à opposer aux empiètements, que ç'a toujours été le principe invoqué, même par les parties les plus désireuses d'y porter atteinte; il ne s'agit donc que de restituer à ce principe toute sa vérité, c'est-à-dire, sinon réviser le traité de 1840, s'entendre au moins rigoureusement sur les termes de son application.

La question doit alors, comme on le voit, sortir du dédale de la diplomatie. En 1840, l'homme le plus propre peut-être à constituer en Orient une puissante nationalité, était Méhémet-Ali; en 1852, cette tâche revient incontestablement, par le seul fait de leur aptitude, à l'illustre Sultan Abdul-

Medjid, et à son ministre, Rechid-Pacha ; et il se trouve justement que le plus sérieux obstacle qu'ils rencontrent dans leur œuvre vient de l'ineptie du successeur de Méhémet-Ali : ainsi les rôles sont déplacés, et si le respect et l'admiration qui s'attachaient à un homme de génie ont pu faire fléchir la politique européenne, elle ne nous semble en ce moment être tenue à aucune considération analogue pour son petit fils dégénéré.

Est-ce à dire qu'il faudrait déchirer ce traité de 1840, — chose en tous cas très légitime, si elle s'accomplit par la collectivité des parties qui y ont pris part? Mais cette déférence témoignée au grand homme, et dont la France a chaleureusement pris l'initiative, est-il nécessaire d'y porter une atteinte posthume, en détruisant dans sa famille le principe d'hérédité? — Nous ne le croyons pas, nous ne le désirons pas. Il ne faut, au point de vue du principe, que préserver l'Empire des causes d'affaiblissement qui naîtraient d'une indépendance trop absolue de l'Egypte, et, sous le rapport personnel, poser des réserves pour le cas où ce gouverneur héréditaire serait, comme il l'est actuellement, tout-à-fait indigne et incapable d'exercer son pouvoir.

En dehors de ces conditions, nous sommes certain que les choses en Orient ne parviendront jamais à acquérir une stabilité qui puisse être, pour tous, une garantie réciproque. Il y a plus, nous prétendons que sous ce régime seul, les divers intérêts qui s'y débattent arriveront à une satisfaction entière et incontestée. En supposant que la Russie renonce à poser la base de sa colossale puissance sur le Bosphore, n'a-t-elle pas tout avantage à voir s'y raffermir un empire ami, et qui ne puisse jamais être soustrait à son action directe, ainsi qu'à la communauté d'intérêts résultant du voisinage? L'Angleterre n'a d'autre convoitise en Egypte que de s'assurer le transit de l'Inde : mais n'est-ce pas une faveur qui, à l'ombre de la forte autorité du Sultan, lui serait concédée sinon exclusivement, du moins avec des garanties parfaites de neutralité? Pourrait-elle craindre encore de voir le passage tomber en d'autres mains, comme c'est actuellement possible ?

Il suffirait donc que les puissances européennes s'entendissent avec le gouvernement de la Porte, pour retirer à Abbas-Pacha une concession dont il fait un si dangereux usage; qu'elles combinassent, en prenant pour base le Hatti-Shérif d'hérédité, un gouvernement en Egypte qui servirait les intérêts de tous, sans compromettre ceux de personne, et que la succession d'Abbas-Pacha fut ouverte au profit de celui des membres de la famille de Méhémet-Ali, dont l'éducation et le caractère donneraient le plus de gages aux nouveaux principes adoptés.

Jusqu'ici nous n'avons fait intervenir que des considérations purement politiques, mais pour peu qu'on se préoccupe des intérêts généraux de l'humanité, il n'y a point à hésiter dans le sens des conclusions que nous venons de déduire. C'est certainement chose grave que de déposer un prince qui tient son pouvoir et ses privilèges des traités ; cependant la condition féodale dans laquelle Abbas-Pacha se trouve évidemment placé, de quelque vaine argutie qu'on veuille la dissimuler, devrait le soumettre à sa principale conséquence, à celle qu'entraîne le cas de forfaiture; on peut en torturant le sens des conventions contester le cas vis-à-vis de son suzerain; mais il n'est malheureusement pas douteux à l'égard de la misérable population placée sous son joug. C'est en vain que des journaux anglais ont pris leurs inspirations dans les antichambres du *foreign-office*, c'est en vain que des *meetings* ont été provoqués, pour chanter les louanges d'Abbas; en vain la politique anglaise a-t-elle poussé le ridicule jusqu'au point de lui faire faire des adresses publiques de congratulation ; les crimes et les excès de cet homme sont maintenant connus du monde entier ; leur nature est telle que le récit n'en saurait convenir à la gravité et à la dignité de cet écrit ; et il faut admettre, pour l'honneur de l'humanité, qu'ils sont plutôt le fait de la démence que d'une perversité réfléchie. Est-il possible que cette considération ne domine pas toutes les autres, et que la politique européenne condamne trois millions d'âmes à vivre dans la plus affreuse misère, sous les caprices dégradants et souvent sanguinaires d'un fou ?

Si nous détournons les yeux de ce spectacle affligeant pour les porter sur la Turquie, si d'Abbas-Pacha nous passons au Sultan Abdul-Medjid, quel contraste ! Nous voyons un prince éclairé, généreux, doux, humain, et d'une fermeté à toute épreuve, dépensant son temps, sa vie, toute la richesse de sa riche organisation à l'œuvre de régénération de l'Empire; nous le voyons, dominant toutes les idées et les orgueils traditionnels de sa caste de la hauteur d'une vaste pensée, faire lui-même parmi son peuple la révolution civile et morale, et déployer autant de courage à l'établir que d'autres mettent d'obstination à l'étouffer. « Par lui, » pour citer encore M. Jourdan : « La déclaration de Gul-Hané n'est « pas restée une lettre morte; cette charte, — et « il ne fallait pas moins que l'Orient pour accom- « plir un tel miracle! — Cette charte est devenue « une vérité. » A ses côtés est Rechid-Pacha, son premier ministre, l'homme le plus instruit et le plus capable de l'empire; après avoir su discerner son mérite, la confiance et la fermeté du souverain l'ont défendu des attaques incessantes du dedans et du dehors, auxquelles il s'est trouvé en butte depuis plus de dix ans ; et maintenant elles se reposent entièrement sur lui du choix des hommes et des moyens propres à mener à bonne fin son œuvre immense.

Abdul-Medjid est donc le véritable héritier de Méhémet-Ali dans l'ordre moral; son âme s'est inspirée des grands desseins du grand homme, et elle y a ajouté les inspirations d'une nature plus généreuse et plus éclairée ; elle a puisé aux grandes sources civilisatrices du monde européen. C'est la vie, l'honneur, les biens de ses sujets que le sultan a voulu d'abord garantir ; il a noblement compris qu'il n'y avait pas de progrès réel possible dans l'esclavage. Qui pourrait nier qu'Abdul réussisse ? son rôle n'est-il pas providentiel!

NOTES.

NOTE A.

TANZIMAT

ou

CONSTITUTION DE GUL-HANÉ (*traduction du turc*).

« Tout le monde sait que dans les premiers temps de la monarchie ottomane, les préceptes du glorieux Coran et les lois de l'Empire étaient une règle toujours honorée. En conséquence, l'Empire croissait en force et en grandeur, et tous les sujets, sans exception, avaient acquis au plus haut degré l'aisance et la prospérité.

« Depuis 150 ans, une succession d'accidents et de causes diverses ont fait qu'on a cessé de se conformer au code sacré des lois et aux réglements qui en découlent, et la force et la prospérité intérieures se sont changées en faiblesse et en appauvrissement; c'est qu'en effet un empire *perd toute stabilité quand il cesse d'observer les lois.*

« Ces considérations sont sans cesse présentes à notre esprit, et depuis le jour de notre avènement au trône la pensée du bien public, de l'amélioration de l'état des provinces et *du soulagement des peuples* n'a cessé de nous occuper uniquement. Or, si on considère la position géographique des provinces ottomanes, la fertilité du sol, l'aptitude et l'intelligence des habitants, on demeurera convaincu qu'en s'appliquant à trouver les moyens efficaces, le résultat, qu'avec le secours de Dieu nous espérons atteindre, peut être obtenu dans l'espace de quelques années.

« Ainsi donc, plein de confiance dans le secours du Très-Haut, appuyé sur l'intercession de notre Prophète, nous jugeons convenable de chercher, *par des institutions nouvelles*, à procurer aux provinces qui composent l'Empire Ottoman le bienfait d'une bonne administration.

« Ces institutions doivent porter principalement sur trois points :

1° Les garanties qui assurent à nos sujets une parfaite sécurité quant à *leur vie, leur honneur et leur fortune;*

2° Un mode régulier d'asseoir et de prélever les impôts;

3° Un mode également régulier pour la levée des soldats et la durée de leur service.

« En effet, la vie et l'honneur ne sont-ils pas les biens les plus précieux qui existent? Quel homme, quelque soit l'éloignement que son caractère lui impose pour la violence, pourra s'empêcher d'y avoir recours, et de nuire par là *au gouvernement et au pays,* si sa vie et son honneur sont mis en danger? Si au contraire il jouit à cet égard d'une sécurité parfaite, il ne s'écartera pas des voies de la loyauté, et tous ses actes concourront au bien du gouvernement et de *ses frères.*

« S'il y a absence de sécurité à l'égard de la fortune, tout le monde reste froid à la voix du *prince* et de la *patrie*; personne ne s'occupe du progrès de la fortune publique, absorbé qu'il est par ses propres inquiétudes. Si au contraire *le citoyen* possède avec confiance ses propriétés de toute nature, alors, plein d'ardeur pour ses affaires dont il cherche à étendre le cercle *afin d'étendre celui de ses jouissances*, il sent chaque jour redoubler en son cœur l'amour du prince et de la patrie, le dévoûment à son pays, et ces sentiments deviennent en lui la source des actions les plus louables.

« Quant à l'assiette régulière et fixe des impôts, il est très-important de régler cette matière, car l'État qui, pour la défense de son territoire, est obligé à des dépenses diverses, ne peut se procurer l'argent nécessaire pour ses armées et autres services, que par les contributions levées sur ses sujets.

« Quoique, grâce à Dieu, ceux de notre Empire soient pour quelque temps délivrés du fléau des monopoles regardés mal à propos autrefois comme une source de revenus, un usage funeste subsiste encore, quoiqu'il ne puisse avoir que des conséquences désastreuses; c'est celui des concessions vénales connues sous le nom d'*Iltizam*.

« Dans ce système, l'administration civile et financière d'une localité est livrée à l'arbitraire d'un seul homme, c'est-à-dire quelquefois à la main de fer des passions les plus violentes et les plus cupides, car si ce fermier n'est pas bon, il n'aura d'autre soin que celui de son propre avantage.

« Il est donc nécessaire que désormais chaque membre

de la société ottomane soit taxé pour une quotité d'impôt déterminée, en raison *de sa famille et de ses facultés*, et que rien, au-delà, ne puisse être exigé de lui.

« Il faut aussi que des lois spéciales fixent et limitent les dépenses de nos armées de terre et de mer.

« Bien que, comme nous l'avons dit, la défense du pays soit une chose importante et que ce soit un devoir pour tous les habitants de fournir des soldats à cette fin, il est nécessaire d'établir des lois pour régler le contingent que devra fournir chaque localité selon les nécessités du moment et pour réduire à 4 ou 5 ans le temps du service militaire. Car c'est à la fois faire une chose injuste et *porter un coup mortel à l'agriculture et à l'industrie du pays* que de prendre, sans égard à la population respective des lieux, dans l'un plus, dans l'autre moins d'hommes qu'ils n'en peuvent fournir; de même que c'est réduire les soldats au désespoir et contribuer à la dépopulation du pays que de les retenir toute leur vie au service.

« En résumé, sans les diverses lois dont on vient de voir la nécessité, il n'y a pour l'Empire ni force, ni richesse, ni bonheur, ni tranquillité; il doit au contraire les attendre de l'existence de ces lois nouvelles.

« C'est pourquoi désormais la cause de tout prévenu sera jugée publiquement, conformément à notre loi divine, après enquête et examen; et tant qu'un *jugement régulier* ne sera point prononcé, personne ne pourra, secrètement ou publiquement, faire périr une autre personne par le poison ou tout autre supplice.

« Il ne sera permis à personne de porter atteinte à l'honneur de qui que ce soit.

« Chacun possédera ses propriétés de toute nature et en disposera avec la plus entière liberté sans que personne puisse y porter obstacle ; ainsi, par exemple, les héritiers innocents d'un criminel ne sont point privés de leurs droits égaux, et les biens du criminel *ne seront point confisqués*.

« Ces concessions impériales s'étendent à tous mes sujets de *quelque religion ou secte* qu'ils puissent être ; ils en jouiront sans exception.

« Une sécurité parfaite est donc accordée par nous aux habitants de l'Empire dans leur vie, leur honneur et leur fortune, ainsi que l'exige le texte sacré de notre loi.

« Quant aux autres points, comme ils doivent être réglés par le concours d'opinions eclairées, notre conseil de justice (augmenté de nouveaux membres autant qu'il sera nécessaire) auquel se réuniront, à certains jours que nous déterminerons, nos ministres et les notables de l'Empire, s'assemblera à l'effet d'établir des lois réglementaires sur ce point de la sécurité pour la vie et la fortune, et sur celui de l'assiette des impôts.

« Les lois concernant la régularisation du service militaire seront débattues au conseil militaire tenant séance au palais du Séraskier. Dès qu'une loi sera terminée, elle nous sera présentée, et afin qu'elle soit à jamais valable et exécutoire, nous la confirmerons de notre sanction que nous écrirons en tête, de notre main impériale.

« Comme ces présentes institutions n'ont pour but que de faire refleurir la religion, le gouvernement, la nation et l'Empire, nous nous engageons à ne rien faire qui y soit contraire.

« Comme gage de notre promesse, nous voulons, après

les avoir déposées dans la salle qui renferme le manteau glorieux du Prophète en présence de tous les Ulèmas et grands de l'Empire, faire serment par le nom de Dieu et faire jurer ensuite les Ulèmas et les grands de l'Empire

« Après cela, celui des Ulèmas ou des grands de l'empire ou toute autre personne que ce soit qui violerait ces institutions, subira, *sans qu'on ait égard au rang, à la considération et au crédit de personne,* la peine correspondante à la faute bien constatée. Un code pénal sera rédigé à cet effet.

« Comme tous les fonctionnaires de l'Empire reçoivent aujourd'hui un traitement convenable, et qu'on régularisera les appointements de ceux dont les fonctions ne sont pas encore suffisamment rétribuées, une loi rigoureuse sera portée *contre le trafic de la faveur et des charges (Richvet)* que la loi divine réprouve et qui est une des principales causes de la décadence de l'Empire.

« Les dispositions ci-dessus arrêtées, étant une altération et une novation complète *des anciens usages,* ce rescrit impérial sera publié à Constantinople et dans tous les lieux de notre Empire, et devra être communiqué officiellement à tous les ambassadeurs des puissances amies résidant à Constantinople, *pour qu'ils soient témoins* de l'octroi de ces institutions qui, s'il plaît à Dieu! dureront à jamais.

« Sur ce, que Dieu très-haut nous ait en sa sainte et digne garde!

« Que ceux qui feront un acte contraire aux présentes institutions, soient l'objet de la malédiction divine et privés pour toujours de toute espèce de bonheur! »

NOTE B.

Note adressée par la Sublime-Porte à S. A. Abbas-Pacha, gouverneur de l'Egypte (Traduction du turc.)

Il y a quelque temps, il était parvenu à la connaissance du gouvernement impérial que Votre Altesse était dans l'intention de construire un chemin de fer. Bien qu'on fût certain qu'on n'aurait pas manqué de demander l'autorisation de la Sublime-Porte avant de mettre à exécution une entreprise aussi considérable et d'une telle importance, cependant, afin de prévenir tout malentendu ultérieur, on avait cru devoir rappeler à Votre Altesse ce qui était de droit et de justice relativement à cette affaire. Ainsi, lors du départ du fondé de pouvoirs de Votre Altesse, Mouktar-Bey, chargé d'une mission pour le Caire, il lui avait été enjoint d'une manière expresse d'annoncer officiellement à Votre Altesse que dans le cas où il serait sérieusement question d'une aussi grande entreprise il serait indispensable de demander l'autorisation de la Sublime-Porte. Par le retour dudit fonctionnaire, le gouvernement apprit que, contre toute attente, Votre Altesse, se fondant sur certaines considérations, avait résolu d'exécuter ce travail sans avoir, au préalable demandé l'autorisation voulue.

Par conséquent le gouvernement impérial se vit, à son grand regret, dans l'obligation de rappeler derechef cette affaire à Votre Altesse. Une dépêche officielle avait été préparée à cet effet, lorsque son Excellence sir Stratford-Canning, ambassadeur d'Angleterre, en ayant obtenu communication, demanda qu'on en suspendît l'envoi jusqu'à ce qu'il en eût écrit à sa cour et reçu une réponse. La Sublime-Porte lui ayant objecté qu'il pourrait naître des difficultés si une décision quelconque était prise en Egypte relativement à la construction du chemin de fer, pendant qu'il correspondrait avec son gouvernement, ledit ambassadeur prit sur lui de faire retarder la conclusion de l'affaire du chemin de fer, et promit d'en écrire au consul général de S. M. B. en Egypte, de la manière la plus précise.

On était dans l'attente du résultat de ses démarches, lorsqu'on apprit que Votre Altesse avait signé un contrat avec l'ingénieur anglais Stephenson, renfermant les conditions relatives à la construction du chemin de fer. Cette nouvelle fut suivie de près d'une lettre de Votre Altesse, informant la Sublime-Porte de cette affaire. Un événement aussi imprévu lui causa une extrême surprise. L'ingénieur précité est, d'après ce qui nous est revenu, un homme instruit et honorable, et comme il ne lui appartenait pas de vérifier les attributions de Votre Altesse, la Sublime-Porte ne saurait lui adresser aucune observation; mais il n'en est pas de même pour Votre Altesse.

Supposons même comme non avenues les communications qui vous ont été faites par l'entremise de Mouktar-Bey, ainsi que les avis de l'ambassadeur d'Angleterre, il existe un article dans le firman impérial servant à régler les privilèges de la succession dans le gouvernement de l'Egypte, qui dit en termes très précis que : « Pour toutes les affaires importantes, le gouverneur de l'Egypte devra demander l'autorisation de la Sublime-Porte. » Au lieu de demander sans retard cette autorisation, Votre Altesse a allégué en sa faveur que le pont de Medjidié et les fortifications d'Alexandrie ont été construits par son grand-père sans aucune autorisation.

Prendre comme exemple ces antécédents pour exécuter de sa propre autorité une entreprise d'une importance aussi majeure, est une question des plus graves, à laquelle nous croyons devoir répondre : que les fortifications avaient été commencées avant l'expédition du firman impérial qui règle la succession, et que considérant l'utilité publique qui s'y rattachait, et ne voulant pas laisser inachevée une œuvre entreprise dans un but aussi important, on n'a pas fait d'opposition à ce qu'elle fût continuée.

Quant au pont de Medjidié, il est très facile au gouvernement impérial de prouver que ses fondemens ont été jetés solennellement à la fin du mois de rebil-akhir 1262, et que, huit mois avant cette époque, c'est-à-dire dans le mois de redjeb 1262, S. A. Méhémet-Ali-Pacha, étant arrivé à Constantinople, avait demandé verbalement à notre auguste souverain sa haute autorisation. Cette demande en autorisation ne consistait pas, comme on l'a prétendu, à donner à cette œuvre le nom glorieux du sultan : elle concernait l'œuvre elle-même.

Tel est l'exposé véridique des circonstances qui ont trait aux exemples et antécédens invoqués par votre Altesse.

Il est en outre reconnu, par les hommes sensés, que l'on ne saurait établir de comparaison entre une entreprise aussi importante qu'un chemin de fer, et ces travaux, ou d'autres peu considérables, qui ont été exécutés depuis l'expédition du firman relatif à la succession, ou qui sont actuellement en voie d'exécution.

Bien qu'il soit superflu de nous appesantir davantage sur l'importance et la grandeur de l'entreprise en question, cependant, comme c'est une affaire qui, par la gravité qu'elle a acquise, est susceptible de diverses interprétations, nous croyons utile, pour lever toute espèce de doute et d'ambiguité à cet égard, d'entrer dans les explications suivantes :

Ce chemin de fer ne saurait être assimilé aux routes ordinaires, dont la construction n'exige, comparativement, que des dépenses légères, et des sommes considérables doivent être employées pour atteindre le but qu'on se propose. Si les revenus annuels du trésor de l'Égypte, après l'acquittement du tribut fixé envers la Sublime-Porte et les autres frais administratifs, laissaient un excédant suffisant pour couvrir les dépenses anuelles qu'une telle entreprise nécessiterait, il n'y aurait pas, dans ce cas, d'inconvénient administratif.

Mais ce serait porter atteinte aux lois et règlements établis par la Sublime-Porte que de créer un nouvel impôt en cas d'insuffisance de cet excédant, ou d'augmenter les taxes actuelles, ou bien encore de faire travailler gratuitement audit chemin les habitants de l'Égypte. Le gouvernement impérial, dans son équité et dans sa justice, ne saurait en aucune façon, tolérer de pareilles choses.

Lors même, en cas d'insuffisance de l'excédant, au lieu de se servir de l'un de ces trois expédiens, on croirait pouvoir recourir à un emprunt ou à l'abandon de l'entreprise à une compagnie étrangère, comme dans le premier cas, une portion des États de S. M. I. pourrait être hypothéquée, et, dans le second, ce serait introduire un système qui n'a pas de précédent, la Porte ne saurait y accéder. Par ces motifs, le gouvernement se voit forcé d'exiger des garanties solides et solennelles, et il persistera toujours dans le maintien de ses hauts droits administratifs. De même que Votre Altesse, dans sa justice, se conformant aux dispositions du firman relatif à la succession, ne saurait rien prétendre au-delà de ce qui s'y trouve stipulé, de même la Sublime-Porte ne saurait permettre que l'on dépassât de quelque manière que ce soit les limites prescrites par ledit document impérial.

Nous espérons fortement que Votre Altesse reconnaîtra la nécessité de demander officiellement l'autorisation de la Sublime-Porte pour cette affaire et de donner les assurances requises. Elle comprendra aussi facilement que ce n'est pas seulement dans le cas où ce chemin de fer serait construit du Caire à Suez que des raisons politiques exigeraient de demander l'autorisation de la Sublime-Porte. Dans quelque partie de l'Égypte que ce soit, l'autorisation est de rigueur, tant par les motifs sus-mentionnés que par les devoirs et attributions invariablement assignés à Votre Altesse par le firman relatif à la succession.

Quoi qu'il en soit, c'est pour réparer l'erreur commise en sortant de la limite des priviléges établis, qu'il a été jugé d'annoncer officiellement à Votre Altesse que : *Tous les arrangements pris pour ledit chemin, avant d'en avoir demandé l'autorisation requise, seront considérés comme nuls et non avenus :*

Nous nous faisons, en outre, un devoir de rappeler à Votre Altesse qu'il sera également indispensable, en demandant l'autorisation à la Sublime-Porte, de lui prouver que les revenus annuels de l'Égypte présentent un excédant suffisant pour faire face aux dépenses nécessaires pour la construction dudit chemin de fer. De plus, Votre Altesse devra donner l'assurance la plus formelle que de nouveaux impôts ne seront point créés à cet effet; que les impôts actuels ne seront pas augmentés; que les habitants ne seront point forcés de travailler gratuitement; enfin, que l'on n'aura recours ni à la voie de l'emprunt, ni aux compagnies étrangères.

Tous les ministres de la Sublime-Porte ont décidé d'un commun accord de faire part de ce qui précède à Votre Altesse, se conformant en cela à l'ordre exprès de S. M. I.

Constantinople, le 8 zilcadé 1267 (4 septembre 1851).

FIN.

MARSEILLE. — Imprimerie et Lithographie VIAL, rue Thiars, 8.

www.ingramcontent.com/pod-product-compliance
Lightning Source LLC
Chambersburg PA
CBHW070541050426
42451CB00013B/3128